AF220568

CAROLINE STERN

Kein So · nett

Die frühen Gedichte

Gedichte
in gegenläufiger Chronologie
2012-1992

Bibliografische Information der Deutschen Nationalbibliothek:
Die Deutsche Nationalbibliothek verzeichnet diese Publikation in
der Deutschen Nationalbibliografie; detaillierte bibliografische
Daten sind im Internet über dnb.dnb.de abrufbar.

Für meine Freundinnen und Freunde

Über die Autorin

Caroline Stern ist eine europäische Bestseller-Autorin, Journalistin und UX-Designerin. Sie wurde 1979 in Plauen (Vogtland) geboren, wo sie die Zeit der Wende und des Mauerfalls hautnah miterlebte.
Zum Studium der Germanistik, Medien und Anglistik ging sie gen Westen: an die Universität Marburg.
Mit Stationen als Reporterin in Paris, London, Südamerika, Berlin (»Welt«) reiste Caroline Stern um den Globus. Ihr Debüt-Roman »Das Leben des Max« schaffte es im Kindle Shop sofort auf Platz #1 der Bestseller in Literaturbiografien.

Inhaltsverzeichnis

Vorwort

»Caroline, aus dir wird einmal eine große Lyrikerin!«, verkündete mein Deutschlehrer auf dem Gymnasium vor der versammelten Klasse. Denn ich drückte mich so gerne schreibend aus, spielte mit den Worten, verdichtete sie, veröffentlichte das fertige Poem in der Schülerzeitung oder einer Literaturzeitschrift und durfte es dann – unter seiner strengen Aufsicht – meinen Schulkameraden vorlesen. Ich hörte seiner Rede aufmerksam zu, die er im stolzen Ton und mit ausgebreiteten Armen über meine Zukunft hielt. Eine Prophezeiung, orakelhaft, bedeutungs-schwanger. Auch wenn sie nur 15 Sekunden dauerte: Mir erschien sie ewig. Trotzdem wartete ich zusätzlich eine Pause ab, eins, zwei, blickte erneut auf mein Gedicht, drei, vier, schaute dann zu meinem Lehrer auf und entgegnete laut und deutlich: »Nein, eine Expressionistin!«

Schon immer hat mich der Expressionismus fasziniert: das Geheimnisvolle, Dunkle, Unergründliche, die Sehnsucht, der Verfall und Weltuntergang, überhaupt Symbole und vor allem zwischenmenschliche Tragödien. All das zog mich magisch an. Die Werke von Heym, Trakl, Benn, Celan und Lasker-Schüler verschlang ich. Aber ich las auch Poeten anderer Epochen, die ihr Innerstes nach Außen schrieben – zum Beispiel mit humoristischen Einsprengseln in ihrer Melancholie, wie etwa Heine, Kreisler, Parker oder Gernhardt.

Dann, beim Studium der Neueren Deutschen Literatur in Marburg, traf ich auf meinen nächsten großen Lehrer: Professor Dr. Thomas Anz, Gründer und Herausgeber von literaturkritik.de sowie Schüler vom Papst der deutschen Literaturkritik, Marcel-Reich-Ranicki. Aber auch Autor diverser Bücher über den Expressionismus. In Anz' Seminar »Literatur als Spiel« schrieb ich an meinem 21. Geburtstag das Gedicht »Im Thermalbad«. Halb hörte ich auf die theoretischen Ausführungen des Professors zur Form des Sonetts, halb kritzelte ich etwas auf mein Blatt Papier, das mir den Tag versüßte. Ich gluckste vor mich hin und freute mich, als die Reime nach und nach zu einer Geschichte wurden. Später schickte ich es ihm per E-Mail mit dem Betreff: »Kein Sonett«. Er war der strengste Professor am Institut und vergab niemals die Note »Sehr gut«.

Anz antwortete meist kurz. In meinem Fall mit einem Ausrufezeichen. Und später: Ich solle mehr lesen. Nichts lieber als das, denn wer viele Worte kennt, hat mehr zum Spielen. Und er gab mir die Absolution dazu. Als ich die Mails vor kurzem wiederfand, wusste ich, es kann nur einen Titel für meinen Lyrikband geben. Einen, der sich sowohl auf meine Gedichte bezieht als auch auf meinen

Charakter: »Kein So · nett«. In diesem Sinne: viel Vergnügen!

Wir-Reise (2012)

Ich verschwinde im Du
und verteidige
anstelle
des
reinen Gedankens
die Poesie.

warten (2012)

warten
meint lieben
meint fühlen
meint leiden.

Dorn Lippen (2012)

In der kühlen Seide
Deiner zärtlichen Umarmung
Liege ich auf Blüten gleich – so leicht

Kussverschleiert pulsiert er schon
Wild da unten, Dein Rubin
Tanzt Dein süßer Dorn
Galant durch meine Lippen.
Bitte dippen!,
Stachelt er – ow, schau nur – mich an.
Du schönste Rose im Garten Berlins –
Wir sehen uns wann?

Dein sexy Stern

Die gelbe Sonne erwacht (2012)

Die gelbe Sonne erwacht,
Weiß glitzert der Schnee.
Ich habe Feuer gemacht
Für Deinen schwarzen Tee.

Golden schimmert Dein Gesicht,
Augen funkeln blau
Tinte – schwarz – wird zu Gedicht,
Wenn ich Dich anschau.

Braunes Holz liegt vorm Kamin,
Grüne Decken auch.
Wein – rosé – die Medizin
Wider mein Kaltgrau.

Deine bunten Töne
hauchst Du in mein Ohr.
Hast mich tief berührt,
Mich totenblassen Tor.

Rouge und Flimmerglanz.
Tief aus Dir scheint Licht.
Nie war ich so ganz
Sonne, gehe nicht.

Alles (2012)

Mehr wäre zu viel?
     Nein, mehr wäre zu wenig.
Alles wäre zu wenig!
     Nein, nicht alles.

die dichtung renovieren (2010)

ich versuch's mal mit improvisieren
denn es regieren und kandidieren
grassieren und instruieren
dozieren und fabulieren
blasierte worthülsenschreiber.
das müssen wir blockieren.
lasst uns debütieren
die welt elektrisieren
und menschlich reagieren
wenn wir den schöngeist sanieren
und die dichtung renovieren.

Wachsende Stadt (2010)

Kunst braucht Schuhe
Angst sieht doppelt
hungrige Geister verlangen:

Gehör.

Vorsicht
fragt Zeit.

ich weiß
nichts
zählt
wer liebt
bleibt
golden &
alles strahlt
nach mit durch an aus in
Berlin.

Hundehaufen im Morgengrauen (2010)

Hüte Dich, geradeaus zu schauen
In Berlin blickt man nach unten
Riechen tust' sie nicht, die Lunten
Guck nach Hundehaufen im Morgengrauen.

Mach den Spanne-Max in Berlins Straßen
Nicht nur morgens, sondern immerzu –
Glaubst nicht, was ich gestern sah, Du –
Deutschlandfähnchen in Kot gespickt auf Rasen.

Die Oberbaumbrücke (2010)

Sorglos
über die Brücke wandeln
tags, dann nachts die Meile
von Fhain nach Kreuzberg
oder auch umgekehrt:
vom Westen nach Osten
im grellen Sonnenlicht
bei kant'gem Mondgesicht
weil dieser Freiheitswind
die räumlichen Weiten
jetzt von beiden Seiten
öffnet – über die Spree.
Auf der prächtigsten Brücke
im vereinigten Berlin
weht Sehnsucht Tag und Nacht –
klar, irgendwie erfüllt.

Xhain by Night (2010)

U-Bahn-Fugen spucken Menschen aus
Massen brodeln in die Nacht hinaus
vorbei an Leuchtreklamen, Spätis, Ampeln
tanzen Schatten und verwandeln
sich zu Hauptstadt-Melodien.
Von weitem blinkt der Fernsehturm –
modern und alt im Sturm
der Großstadt bei Nacht,
die leere Betten,
aber volle Streets, Bars & Clubs hat.
Namenlose Gesichter, Stars
fliehen dorthin, wo Lichter
am wenigsten die Trance stören.
Und rasch belebt sich im
ununterbroch'nen Dröhnen der Stadt
· mondsichelzart ·
steigt eine lärmende Feiergruppe
– es ist nach eins an der Spree
Warschauer Straße: Ende der M 10 –
aus dem Neonlicht der Partybahn
aufmerksam schauen und aufspüren
wie euphorisch das Getümmel im
Ahnungs- und Verheißungsschritt
auf beleuchtete Terrassen drängt
durch Gassen voller Beats gemengt
in pulsierende Alleen hinein

nach Xberg,

wo alles blitzt und flimmert

vor Hippness platzt der Kiez

lockt und nach Anderssein glimmert

vorbei an dunklen Bäumen, deren Äste

hoch in den Himmel träumen ·

be-sternter ·

und schwarz hält eine Trabbi-Limousine

wie in Routine vorm Berghain/Fhain ·

Basskick am Ostbahnhof ·

gefüllt mit Selbstvertrauen

öffnen sich Autotüren

wie nach einem Wimpernschlag

Clubtore schimmernd

für Menschen der Nacht

in ganz Berlin

die glitzernd, bunt, stöckelnd

wie Adrenalin ins Innere strömen, nun

Cocktails trinkend, suchend, lauschend

lachend einander verwöhnen im Tausch

· drin ·

wo Schweißtropfen funkeln

im Stroboskop-Rausch

bis weit nach Morgendämmerung

die frisches Licht ab sechs Uhr freigibt

· draußen ·

um das neue Labyrinth der Straßen

zu meistern:

heim durch kaputte Flaschen
und zerriss'ne Zeitungsblätter,
aus Taschen geflatterten Handy-Nummern
Kippen und Kotze und Werbeflyer,
zur Zeit, wenn Nutten längst
nicht mehr die Egos ihrer Freier
benetzen unterm
hingehauchten Liebesschleier.
Die Nacht neigt sich, frisch weht Luft
· Berliner ·
und aus den Bäckereien Duft
wie neues Leben
drängt der Tag
unschuldig atmend und belebend stark
ergießt sich Sonntagsidylle
in Parks und Betten
nach Currywurst-Snack und Bratbouletten
erlischt die Musik der Nacht nun ganz:
Berlin rekelt sich neu
zum Sonnentanz.

das roses (2010)

spätnachts: roses bar /oranienstraße/ =
miss piggys vagina im plüsch-bizarren wohnzimmer
hell-hitzige musik der 90er
bis sonntagmittags
die letzten reste ziehen · naswärts
& abstürzen nach elfundneunzig flirts ·
weich landen auf vollgeplonkerten shirts
die nächste runde – geht aufs haus!
kreuz & queer / trash & flash
tanzen schauen schlingern
bis hinein in die ecktoiletten küssen
strom & saft, vierfacher whisky
endlos scheint die nacht
style & cash, poesie & flow
proppevoll geladene zeit
& besonders wild im geschmack
dann hinaus ins sonnenlicht stürzen
festhalten an pommes & currywurst
und in die bahn – zusammen fahrn
jeder in sein bett.

circe (2010)

jetzt komm in die süße nacht
wo traum und tristesse
gierig zur seelenschaukel
heranwachsen wollen.

neu-berliner (2010)

berlin schneit die gedanken ein
wie mikrokristalline
berlin schnalzt wie die sprache dreckig &

d'rekt hinein ins anzwei-fell
berlin, berlin, ick blick dir durch dein
sein & weeß, de mauer war hier.

berlin, klar es leuchtet!

berlin, du kackst goldene ideen, nimmst nix
gibst freiheit & lächelnde großstadtganoven
berlin berlin, ick denk, wir bleiben.

Sirene (2010)

jetzt komm in die süße nacht
wo traum und tristesse
begierig zur seelenwippe
aufblühen.

komm komm
bist süchtig nach erkenntnis
hunger-nagend
hungrig immerzu.

und zeit jagt nahtlos zeit
kassandra-schreie umfluten
die verhüllte nacht
in die ich gehe.

und nimmer saugt zweifel
sich in meine ohrmuschel
sondern zielt vorbei
zeit verhöhnt mein schmelzendes herz.

unerreichbar bleiben gedanken
losgelöst von tagen
bohrt locken lichterloh
sich in meine willenslücken.

vorsicht kämpft gegen die sirene
unerhört wie trommeln ins leere
und sternenstaub belebt noch ihre lieder
auf meiner tödlichen reise.

karriere 2.0 (2010)

facebook karrieren verlustigen
Vorstellungsgespräche
Um nackte profilneurosen
bis surfwahnsklerose
conficker-würmer
alarmierende bildstrecken abonnieren:
festanstellungen jetzt.

entherzt (2010)

kontinuierlich saugt sich zweifel
in meine ohrmuschel
und zielt langsam gegen
vergessene gedankenwände.

kassandra-schreie umfluten
die siebenköpfige kamera
geistesblitzartig
wie trommeln ins leere.

die stufen der tonleiter (2010)

wenn sirenen hungrig immerzu
gestehen einander mit vorsicht
aber keinesfalls unter rücksichtnahme
lieder zu beleben ebenda dimmt
grünspan wie sternenstaub auf
zerrt wildes nervengestränge
von der lust
hinab und weiter ins
nirwana.

offenhäutig (2010)

festgefroren an dir
ernte ich
salzige nachtschatten-
blicke
bis
deine haut spuren
von gestrichenem mondblut
auf briefpapier haucht.

Sog (2010)

Geronnen, beklommen, Einsamkeit –
auf Hungerreise schraubt der Laie
Gefühle fest.

Nichts besteht in mir,
nichts wächst mehr.

Verbraucht, verschraubt, entseelt –
irre Weisheit,
spricht der Laie.

Wahrheit (2010)

Unhörbar wie Trost
kriecht Lähmung
ins Nest –
doch der, der stumm
das Licht der Welt
erblickt,
sieht.

Innen (2010)

Liebe säuft,
Land verdörrt.
In Wäldern aus Glas
pulsiert Erkennen.
Eine Ruhe birgt:
Eistod.

Licht Kuss (2009)

Ich gab dem Licht einen Kuss
es schickte mir warme Strahlen
ich begann mich, drin zu ahlen.
Es wollte meine Tränen besiegen.
Ach, lass doch, Licht
es sind Freudentränen:
Ich kann jetzt fliegen!

Aufgewühlt (2009)

Aufgewühlt – endlich,
dem Dickicht entkommen –
kletterte ich den Hang empor –
zittrig auf die Idee gekommen,
dass zwar die Zeit für Veränderung gekommen,
jedoch der Fluchtweg verschüttet lag.
Oh, Pfad der Erleuchtung,
Licht bahnt sich seinen Weg.
Und wie gefährlich war dies Unterholz,
das zwar mit seinen Ästen
meine Tränen trocken kratzte,
doch keine liebende Hand ausstreckte.
Rasend tobte hinter mir
ein maskenhaft grinsendes Gesicht
– unberechenbar –
ich schlug es zu Brei.
Inzwischen funkeln meine Augen
dem Strom, dem Licht entgegen –
empfindlich nach all den Tunneljahren.
Licht, das klingt wie: »Folge mir – ich folge dir.«
Licht, das fragt: »Was kann ich geben, um zu heilen?«
Fiebrige Glut dampft in mir – so einleuchtend
trägt mich die Hoffnung
hinaus in die Weite,
wo alles atmet wie
befreit.

Dem Judaskuss die Stirn bieten (2009)

Leb wohl, kaputtes Stehaufpüppchen,
da unten in der Ruine dunkelster Jahre.
Schleifen wollten sie mich,
von mir trennen meine Mitte.
Ich kenne das verwitterte Dort noch:
Unheimlicher Fauchwind, unterseeisch,
im Glauben verlorenen Lebens,
meinem wenig wunderbaren.
Ohne dich, klar!
Stumm gelähmt und wartend bot ich
dem Judaskuss die Stirn – vergebens.
Du weißt um das kalte Stethoskop
an meinem Herzen,
das zu sehr gezähmt werden sollte.
Mit meinen eigenen Blutstropfen
haben sie es verschlossen.
Dein Rettungsboot,
das mich das ganze weite Feld des Wissens
In die Zukunft trägt – durchmisst
schwappendes Wasser.
Ich war es leid, schwarz zu sehen,
zuviel zu wissen und doch
weiter darauf zu brennen.
Nonsenslieder – wir singen sie – halb im noch
steckengebliebenen Lachen, halb im Scherz schon.
Und in mir ganz laut der Gedanke:

Zieh an, lebendig Ertastbare, ganz Heimat bist du,
fahr mich hinaus ans Ufer, zurück ins Leben,
Du, von dem ich leise immer geahnt.

ich liebe, immerzu (2209)

durch so viel licht & schatten hin · durch · getanzt —
den ganzen sommer an der elbe verschmolzen &
hamburg glänzte wie der anfang der welt.

kühle graue augen, die mich nun kaltlächelnd
abgrenzen —
du seist schon hinweg, sagst du jetzt
über unser beben & dass ich erwachen werde

eines sonnigen morgens ebenso weg von dir;
nein! — schüttele ich den kopf — von ganzem herzen
nicht: nein!
ich werde es niemals sein & weiß

dass ich hier um mein leben kämpfe, um dich &
schon hilflos am rande eines abgrunds tänzle,
kaum sehe ich eine zukunft, denn —

mein einziger plan war, dich zu lieben.
nie einen augenblick gewankt,
an niemand anderen gedacht,

ein strom von worten bricht sich bahn:
von kindern rede ich, von liebe, loft & jetzt
bring' ich's nicht fertig, aus diesem traum zu
erwachen.

still weine ich, still vor mich hin ·
tragisch, flehend, ausgehungert –
komm, streck die hand noch einmal aus

herüber in meine blass · zitternde nacht.
schlaflos wandle ich auf & ab, sehe dich
lieblicher als je zuvor ·

sanft schwebst du durch die vergangenheit &
weiter in eine zukunft – wundervoll siehst du aus
von meiner gelähmten perspektive heraus.

was kommt, was?

so schmerzlich, so krass – diese szene –
für dich eine scharade, selbstbeherrscht ·
für mich ein dolchstoß, doch was ist das?

jetzt, ich fühle die wunde nicht mehr.
ruckartig wird mir klar, wie viele stunden
ich schon nicht mehr an dich gedacht habe.

bestürzt sehe ich dich
auf der anderen seite der elbe ·
sehr jung & strahlend glücklich.

du weichst zurück, schwindest in die jahre.
ich kann dich kaum noch sehen
in deinem nebelhaften gewand, weiß & wogend.

alle bitterkeit weggeheilt, so formt sich meine welt
wieder neu aus der jugend und dem glück,
das mich umgibt – verschwenderisch

wie der sonnenschein im frühling.

die urlaubsmücke (2009)

das blut der frau bei nacht
hm so süß, hm ganz sacht
mehr will ich wirklich nich'
komm, ist doch nur ein stich
denkt sich munter, flügge
sirrt die urlaubsmücke
ja, ja!
klatsch.
au!
ssssss-sss.

jederlei helle worte (2009)

leichtfedrig wir ·
zwei stieglitze ·
können es kaum erwarten,
gemeinsam zu fliegen
& den himmel zu spüren.

verstumme nie wieder ·
singst du ·
jetzt schon im flug,
du süße sensation – wuh!
& jederlei helle worte:

dass ich
auch mit
gebroch'nem flügel
das licht – ja! oh! ja! –
berühren kann

& so weiter ...

sommerliche see deines blicks (2009)

dein atem rieselt durch
die gitter meiner haut,
der taub gedungten blume
von stillstand & scheu
nach vergangenem, zu frühem erfolg –
leben ohne luft.
du pulsierst jetzt – aufregend,
weichst mich wieder + wieder auf
bis sich das netz
meiner steinernen hautmaske
verwirbelt
über der sommerlichen see deines blicks.

hier im süden der insel (2009)

haut, überzogen mit meersalzmilch —
doppelschichtig
wie du und ich ·
bei nacht
— funkeln wie edelsteine,
silberleuchtend in der sonne
bei tag
hier im süden der insel
an der versteckten bucht wünschst du mir
die schönste zeit des lebens
mitsamt deiner seele, die du mir als ring
aus sommerstrahlen schenkst.

komm, ich führe dich
durch den riss meines herzens, suchender ·
zum kern des gefühls der liebe,
von wo aus wir deinen riss heilen.
ja, denke ruhig noch einmal zurück
an die dunklen stunden allein &
dann lass sie wie ich
am uferrand zerschellen,
am uferrand zerschellen.

strand und meer (2009)

am horizont
dieser schönen stirn
sprühen ideenfunken
& golden steigen
sie an den strand
deiner stimme
hinab
& alles, was wa(h)r · bleibt

& strömt in mein herzmeer,
das seine trauerflut
von stunde zu stunde
durch die wild ·
hinreißenden sonnenstrahlen
deines blickes
(leuchtend)
loslassen will.

Ich-Tod (2009)

Ich wollte nicht sterben
Unvollendet, wie ich war.
Doch deine Schwarz-weißen
Gedanken – nervenzerfetzend
Befeuerten den Druck
In mir
Erstickten
mein Picasso-Hirn
–
Genie gestrichen +
Tief in einem Tunnel watend
Der immerzu zum Denken zwang
In Deinen ungewöhnlich eng gesteckten
Parameterpfaden.
Hölle für mich
Seelenschaden +
Plötzlich:
Ich-Tod.

Was fühlst Du? (2009)

Was fühlst Du,
während ich nichts fühle?

glühend leben (2009)

jenseits des meeres wachen berge –
schwarze herzen aus vulkan.
fortlaufend erober' ich mir sie
und wandere wochenlang.
doch wenn eins aufbricht dieser herzen,
unter mir und ich fall' tief,
wenn lava glühend mich verbrennt –
dann denkt nicht lange nach, dann rennt.
werft mich – noch sterbend – in die wellen,
in die glitzernd-blauen fluten,
dass auch mein Tod
das leben kennt –
nackt und pur und glühend.
rennt!

schreiben (2009)

ich schreibe
über dich
hinweg
hin zu mir &
über mich
hinaus

Sie ist ... (2009)

Sie ist Nichts – an dem ich festhalte
Leere – mit der ich mein Herz spalte
Nein – auf alle Fragen der Liebe
Ach – es wär' sinnlos, wenn ich bliebe.

Und trotzdem kann ich nicht ohne sie.

das mädchen (2009)

das mädchen mit der cremeweißen perlenkette
hat keinerlei reue gezeigt,
als es sich abstieß, ins wasser trieb
    hin
        · ab ins grab ·

gedehnt maß sich die zeit, die unsichtbare –
bis sie ihr antlitz nahm
wegtrug in richtung niemandsbucht
    für heute
        · und immer ·

es müsste noch schaumtupfer geben
von meinem alten ich –
von ihr, dem mädchen
    mit der
        · cremeweißen perlenkette ·

versteckt im felsen (2009)

wind schallt mein liebes · leides · lied
über den atlantik.

dürre bricht das alte ich auf,
das die hitze destilliert,

tröpfelnd, was mich trieb und
wehte durch die jahre.

oben auf der veranda:
– versteckt im fels der schreibinsel –
der kleine glastisch ist schon voller wörter
aus der tropfsteinhöhle meiner seele,
die mich
mehr und mehr
davon überzeugen,
dass dies der
anfang von etwas neuem ist.

in weißen häusern (2009)

schnappschüsse unter blitzblassem mondlicht &
deine lippen geheimnisvoll gefärbt –
weinrot, als du dich ziertest,
auf meinen mund zu klettern;
mein auge steigt hinauf zu den dünen
deines noch feuchten haares –
noch ein foto + der mond schwebt

irgendwo über der zeit,
die wir durchatmen
in weißen häusern
oh schöner blitz um deinen mund –
auslöser für einen schmetterlingsflug &
die welt ist echt · nicht mehr dieselbe.

epiphanie (2009)

vor dem fenster · das lang hingestreckte meer
deines lächelns —
wenn ich dich jetzt berühren dürfte ...

gemeinsam neu · gieren wir
durch den sommer — leben aus koffern
in büchern und blicken

bis die weißen nächte vergehn,
in denen süßer cristal unablässig

durch unsere fiebrigen mündungen sprudelt &
epi · phanien aus dem nabel · zentrum
schwärmen in wellen hoch zum kopf &

rein in die hand am stift aufs blatt:
du hast mich berührt.

Zeit meines Lebens (2009)

Die Welt ist nie genug und war es nie
für beide von uns
einschließlich aller Eventualitäten,
die zu einem verbindlichen Kuss am Strand führten –
Du hältst mich warm + einigermaßen im Zaum.
Deshalb schütte ich Dir mein Herz in die
ausgestreckten Hände,
denn allein zu leben mit dem Kopf in den Wolken,
macht mich verrückt + blind.

Im Dunkel: Leuchtschiffe am Horizont:
Frachtgetankte Nachweise für das Wesentliche.
Sie transportieren Überlebenswichtiges.
So, wie Dein Atem nachts, wenn Du
manchmal bei mir bleibst –
Zeit meines Lebens.

zur insel mit dir (2009)

zur insel mit dir ·
vier wochen noch einmal
näh ich mich in das
muschelerinnerungsrauschen,

sehe schon die niemandsbucht, die orchideen
& du liegst gestrandet
unter staubbedeckten palmen +
bunter stoff weht über weiche haut ·
oye me amor:
zieh dich aus,
weil deine haut wichtig ist

für mein erinnern —
wie das meeresrauschen für die muschelohren &
eigentlich will ich bleiben + bleiben + bleiben ·
das weißt du, weil es mit dir so intensiv ist
an der bucht
wie mit niemandem.

In the Waiting Line (2009)

I ... wish
it was
quite natural ... to call you
that you'd ... call me
I call you ...
me ... & ... laney
call me & ...
this would then be called
the BEG · inning ...

Mein Leben ist so L (2009)

L, I just came for you
I've had a grip, a flue,
This bad bad fever
But you made me flip
My charts off, strengthen my will
I came to this party where you waited still.

I couldn't return anything to your rhyme
It wasn't «fine fine» to me what you did
You behaved like an idiot –
Cold as miss platinum but
Summa Summarum
quod erat demonstrandum:
I still want you
More than ever
Please, don't say
You will never.

Karottensalat (2008)

ritsch ratsch ritsch ratsch

blume, duft, erinnerung (2008)

kalt ist der tag
wie meine hände, kalt
wie mein kopf.

ich muss unbedingt wissen:
bin ich wertvoll?

eine blume, ein duft, eine erinnerung.

ich war nie die,
die an magie
glaubte /
heilige dimension, tiefste,
oh gott /
wenn es dir recht ist, spreche ich
jetzt
nur noch zu mir

eine blume, ein duft, eine erinnerung.

reden (2007)

ich muss reden
immer reden
widerreden
reden, reden.

einfach reden
immer reden
wieder reden
reden, reden.

es gibt reden
die zerreden
was zu reden
reden, reden.

aber reden
ohne reden
ist kein reden
reden, reden.

neues reden
ich will reden
mit dir reden
reden, reden.

endlich reden
wieder reden
zu dir reden
reden, reden.

Ablehnungsgeschichten (2007)

Arte hat mich abgelehnt,
Edit hat mich abgelehnt,
Spiegel hat mich abgelehnt,
Dunja hat mich abgelehnt.
Ich könnte mich auflehnen!
München hab' ich abgelehnt,
die Zeit hat mich abgelehnt,
Maria hat mich abgelehnt,
Ronny hab' ich abgelehnt,
Suhrkamp hab ich abgelehnt,
Der Guardian hat mich abgelehnt.
Und so weiter.
Ich muss mich anlehnen.

bittersüß (2007)

wo anfangen
diese süße alte
geschichte meines landes?
romantisieren
verdichten
ausschwitzen?
die traurige schönheit fächern,
bis nichts mehr fehlt von
meinem land
den anfängen bis heute.
wie fange ich an?
auf deutsch? ja.
jetzt fange ich an ...

Ein Scheck (2004)

Oh Schreck
oh Schreck
ein Scheck
ein Scheck.

Weitergehen (2008)

Ich weiß,
es gibt schönere Hände
auf Deiner Haut als meine ·
deshalb geh weiter,
vorbei am
Eisfach meiner Gefühle ·
Passiere das Schweigen
meines Türhüters ·
Lauf!
Bis Du wieder frisch bist
neugierig
und irgendwie lebendig.

in der küche schneit's (2004)

in der küche schneit's ·
in der küche vom jetzt-jetzt-jetzt-club ·

bloß nichts reales, will einer an der theke
& bestellt einen traum.

er tastet über den tresen
hin zu meinem tisch,
fixiert meine roten lippen,
die nasenspitze & legt

einen kalten zeigefinger da-
zwischen, der andeutet: tipp tipp

& nicht die küchentür verpassen,
wenn die toilette lockt, die tür
hinein ins paradies,

deutet er an und lässt los ·
und ich: tipp tipp an meine schläfe, dass
er mich hochkarat verfehlt, deute ich an
& bin wieder

zu meiner stella — *was willst du?* —
über den tisch geneigt,
die mir versucht, nun anzudeuten:

ich warte auf etwas sophie
von dir &

sie wartet schon lange, die nächte durch,
die tage hinzu im geschäft & hinter glas gestellt
& ist verdammt zu warten,
weil ich – philo im kopf – nicht vorbeischneie
& sie nicht in mich fallen kann.

& wie eine nachricht,
die mein herz noch erreichen muss,
laufe ich nicht los,

stella, deute ich hier an ...

requiem für stella (2004)

in das wasser
fällt & irrt &
liegt gesichtet
mein gedicht
in venedig
tief · tief · tief ·
tief unten im kanal
ist dein grabstein
jetzt errichtet.

davor: stella (2004)

du, du, stella –
verschenkst du kristalle
auch an mich? &

stella – zerstäubtes wasser,
reines blatt zum schein zwar,
aber pur wie folie –
wie du meine fasern frisch ins
nichts schürfst &
rings unendlich: weltabwärts &
über die telefonschnur, grab-grab:
morgen wieder?
– ja, morgen wieder ...

stark ist sie, die infusion ·
stella, du: infiziert mit naturell
von mir & kinn schon, nabel &
trotzdem: kein puls ...
gute nacht, sagst du über die
telefonschnur
– ja & süße träume & post scriptum

post scriptum (2004)

ich hatte nie gezweifelt, dass es ist
dass du bist, nie, meine liebste –
darf ich das sagen, stella? & dass ich
mich jetzt wieder ausschreibe aus dir:
& es schien auch · schien zu sein, aber
eben leblos ist es · dieses band hier
von dir zu mir & jetzt verdichte ich es
unten im kanal
in venedig
schreibe ich dich aus mir heraus
wie du mich verlassen hast.

augenblick nur & du bist schon
wieder neu mit leben, doch ohne mich &

es starrt aus dir heraus
von ihm, das kind, starrt
durch meine brust \links\
wenn ich dir begegne,
legst du auf einmal meine grenzlinien fest.

warum meine? ich bin's doch nicht in dir,
das schrumpft & flieht &
abtreibt in den kanal –
ich liege ja zersetzt am meeresstrand,
aufgewühlt & weit,

weit weg von deiner weißen lieblingsschokolade,
die mich gestern noch nährte.
bin draußen stehend, dringe nicht mehr in dich –
du wirst jetzt schließlich mutter,
nicht ich – das in dir/neu zwar/,
aber ich bin's nicht · bin's nicht.
war's gestern in einem wunsch · von dir
hab's heute
tief · tief · tief
tief unten im kanal
verdichtet
in venedig.

lust (2004)

so strömt vereinzelt tau
in bahnen, so dass sie spürt,
wir sind für uns/

die lippen voller lust
& augenblicklich voller
unsterblich · zeitlos · spielen.

sie regt sich, hält mich, windet sich &
flüstert: sag nur, dehnt dein schoß,
dehnt dein schoß das ende aus? &

taucht im rausch jetzt ganz tief ein &
blitzt mich an, halt, jetzt durch mich
nein, ja, ja, nein,
ja, ja, ja.
ah.

wenn ich mich hier so reden höre (2004)

wenn ich mich hier so reden höre,
wenn ich mich hier so reden höre,
wenn ich mich hier so reden höre,
dann denke ich:
ich.

Surreal, manchmal auch grotesk (2004)

Kommt ein Vogel geflogen,
setzt sich nieder auf Dein' Schoß.
Hat ein' Fessel im Nacken
auf dem Rücken wächst Moos.

Kommt ein Vogel geflogen,
setzt sich nieder auf Dein' Schoß.
Hat ein' Fessel am Schnappen
in der Gurgel einen Klos.

Kommt ein Vogel geflogen,
setzt sich nieder auf Dein' Schoß.
Hat ein luftiges Lachen
in dem Herzen einen Stoß.

ANGST (2004)

a
ah
aah
aaah
aaaah
aaaaah
aaaaaah
aaaaaaah
aaaaaaaah
aaaaaaaaah
aaaaaaaaaah
aaaaaaaaaaah!

Vater und Tochter – die Farbe ist mein (2004)

Du meißelst dem Kind einen Mund
& legst dich hinein ·

verworren wächst Sand
in die Augen.

Sie kämmt & trennt an der Wurzel:
am Ohr, in der Brust ·

Dein Raum wird entfernt
vom Herz
& die Schwelle blitzt blank.

Du willst mit Ernst gegen o : range:
umgraust dein Mädchen · ihr grauts

Erdrosselt schwarz-weiß
klafft Dein Wille
blind

& grellbunt flieg ich davon:
in mein Leben

Das große L (2004)

Lesen
Leben
Lebend lesen
Lesend leben
Leben lesen
Lesben leben.
Lesen, Lesben!

zur kunst des leeren kopfes (2004)

.

magic (2004)

kalt ist der tag
wie mein herz, kalt
wie mein kopf.

ich muss unbedingt wissen:
seid ihr da, ideen?

eine blume, ein duft, eine erinnerung.

ich war nie die,
die an magie glaubt
heilige dimension, tiefste
du göttin / kreativität
doch jetzt weiß ich besseres
& wenn es dir recht ist,
spreche ich
nur noch zu dir:

.

why don't you blow my mind? (2004)

ich blute und
blute und
blute ·

das geheimnis halber gedankennächte.
aus mir her – aus.

die letzte idee gefasst.
wo ist mein schatten?

zu dunkles auge, klamaukt rimbaud.

ich blute und blute.

das leben ist so endlich
es macht mich verrückt ·
so finde mich doch jemand!

hier ist niemand
außer einem chanson von celan.
doch was tut's?

ich blute und blute und blute
es macht mich verrückt ·
hier ist niemand
ruft gertrude stein.
nur ein knirschen von
schlaflosen lidern.
·
to blow my mind.

fernzwang (2004)

mit deinen augen,
ferne ·
überhole ich
meinen eigenen blick
flackernd gesommert.

mit einander taumeln
an dir ·
über dir
schreiben sich
fernere sprachen.

fernsehnend lese ich,
durchstunde die tage,
die verglimmen sollen ·
noch grünsilber takten.

fernwehen: hinter – her!
staunend segeln
über luft · linien
zu dir.

bald in bälde ·
bis zweimal acht
noch schlafen ·
dann perlt der
fernzwang ab.

hautsensation (2004)

und die luft rauscht wie texte
hungrig durchs gewühl
still,
fühl,
die nähte hinunter
der haut ·
darunter
ein sommer beginnt
im regen,
deswegen
faszinieren deine augen
und legen wahres,
nehmen klares
wahr:

· uns ·

wer will hier einsam sein,
wo sonnen strahlen,
erweichen
erstaunte haut
von jetzt?

und du
in deinem bunten stoff
auf nackter haut,

die schwitzt und riecht nach
nach
nach
nach
...
luft.

endlich.

... (2004)

dass das alles wahnsinnig inszeniert ist,
dass das alles wahnsinnig inszeniert ist,
dass das alles wahnsinnig inszeniert ist,
dass das alles wahnsinnig inszeniert ist,
dass das alles wahnsinnig inszeniert ist,
dass das alles wahnsinnig inszeniert ist, ...

technique subjektiv improvis (2004)

es ist so real, dass ich zeit empfinde,
sprichst du schön eindeutig über die
meine nähe & die deine distanz noch auf
seite sieben&zwanzig deiner objektiven
einsicht, die einen begriff: emotional turn
mutmaßt, der zwischen uns hier liegend
den rest von mir einfordert, bis zwei
gedächtnisse sich darin lösen zu einer
realität in bewegung, einer wahrheit,
die kunst des lebens selbst –
durch deine technique subjektiv improvis
bis auch ich zur zeit werde und sagen kann:
das gefällt mir an mir.

Frühlingserwarten (2004)

Die Natur sinnt, ich tobe.
Frühlingsfühlfalt,
Phantasmen. Halt!
Ich konzentriere
Funken neu.

Vorfrühlingsgesänge,
wilde Knospen-Klänge,
tagwandelnde Fledermäuse –
die Natur spinnt,
ich tobe.

Buntes schnattert herrlich
und euphonisch trunken.
Hin und her. Ein Plaisir. Reizend.
Ich tobe.
Die Natur sinnt.
Und spinnt. Frühling.

Kaleidoskop (2004)

Bis morgen, wenn wir uns wiedersehen –
niemand weiß, wann und wo.
Wir pflücken Zitronen, Mandarinen
wie neulich unsterblich in Rom.

Bis morgen, wenn wir uns wiedersehen
in einem neuen Frühling.
Dem von Dir und mir.

Vergiss nicht, einen Brief zu schicken.
Gestern am besten.

Und unseren Traum,
den wir nie versäumen?
Bis morgen, wenn wir uns wiedersehen.

Ich bin erschöpft vor Anmut.
Leben tut schön weh.
Und ich empfinde das Wort
Weltschmerz
dialektisch.

Dialektik, Dialekte.
Und der Kreis schließt sich.
Alles ist Eins, schließlich.

Und vor allem gehören
Marmelade auf Butter,
Seitenzahlen in Zeitschriften,
und Blaumänner zu Rotkäppchen.

Und E-Mails an die Hohe Instanz,
die im Süden Kafka liest.
Und Haschisch in Mensch-Lungen.

Und würg den Schurk, der denkt,
das Geld liegt nicht auf Straßen,
sondern in Taschen!

Shalom! Milch und Drogen.
Virenblocker, Stubenhocker –
lieber Fieber!

Ich höre einen Engel schaudern.
Mein Geist klopft an die Tür:
»Sperrt mich aus!«
Und Ketten knarren, Münzen fallen:
Ich hab den Frühling phantasiert.

Tanzt mit mir.
Wir können alles sein.
Schaut mir in die Augen,
wir nehmen eine Champagner-Dusche
und lieben uns im Kasino.

Ich spiele eine Maskerade
Karambolage, der Regen gibt auf.
Die schwarze Wolke zieht davon
Musik winkt aus dem Himmel.

Den nächsten Winter überleben wir auch.
Und alles, alles ist für uns!

Geheime Wünsche, ihr seid alle da.
Nicht weinen, ihr kommt alle dran.
Meine Liebe ist das Einzige,
was ich geben kann, Welt!

An Dich,
und ich fühl Deine.
Und wer hat keine?
Ja, niemand hat keine.
Liebt, liebt!

Ort der Harmonielosigkeit (2003)

An diesem Ort
der Harmonielosigkeit
verdunstet die Fantasie
unwillkürlich.
Sie kondensiert
an den Gitterstäben
vor den Fenstern des Museums.
Jedes Ding im Haus –
ein Symbol: Status
für die Leute,
die ihr Leben
in Vitrinen fristen,
& drin ihren Hunger bezwingen.
Verlangen unterdücken,
die Wahrheit
über das Dasein des Anderen –
für ein Leben im Kunstlicht.
Anständig ist ihr Motiv
ihr Dasein geregelt.
Die Gefühle der Museumsbewohner
sind konserviert, restauriert, ästhetisiert.
Selbst ihr Privatissimum
wird täglich ordentlich katalogisiert.
Es gibt nichts Halbes, Schiefes oder Krummes.
Man wird gestanzt und gebogen,
um hineinzupassen,

in ein Leben der Verpflichtung.
Schau Dir nur die Sprache an:
Individualitätsdemontage.

Cardinal Flashes (2002)

Ich bin,
Du bist,
er, sie, es waren.
Ich habe,
Du hast,
er sie es ???

Geschmack und Ursache,
liegen auf Wache:

Was war eher da?

Ich oder Du?
Leben oder ...?

Paris (2001)

Es ist erst dreitausend Gedanken her,
Als ich an der Seine ins Blaue lief.
Pariser Uhren ticken viel zu tief.
Mir blieben kaum zehn Minuten mehr.

Ich rannte in Richtung Eiffelturm,
Glitt durch das goldene Herbstlaubmeer
Ein Treffen, Jour fixe im Oktobersturm
Mit meinem Schicksal: leicht oder schwer?

Da, plötzlich, rempelte mich jemand an.
Ein alter Bekannter, er blieb stehen.
Ich auch, er schaute mich heiter an
Und fragte, wer ich geworden sei.
Seltsam, ich dachte genau daran,
entgegnete ich, dann musste ich weiter.
Wer bin ich? Wenn ja,
Und bin ich nun gescheiter?

Homo Fiskus (2001)

Homo Fiskus, hörst Du mich?
Existierst Du oder nich'?

Sie beantragten Seele.
Diese Dummen, fragten Dich!
Mir gehört der Himmel.
Verzichten werd' ich nich'.
Dein ist Geld und Schein.
Schmück Dich mit den Dummen.
Ich bleib' gern allein,
doch werd' ich nie verstummen.

Gegeizt hast Du noch nie,
zumindest nicht mit Reizen.
Selbst schlaue Rasse-Weiber,
perfekt gebaute Leiber
sie spreizen ihre Beine,
und spreizen, spreizen, spreizen.

Ihr armen, leeren Wesen.
justitiablind und treu
Seid's immer schon gewesen.
Ich – Weizen, Ihr – die Spreu.

Im Thermalbad (2001)

Wellenreiten, Chlorgeschmack,
Schwimmen gegen Fettgeschlack,
Omas, Opas, Kinderschrei.
Ungeheuer! Einerlei?

»Das tut gut, das ist gesund!«
hechelt uns're Sigismund
nach zwei Bahnen, durchgeschwommen!
Endlich am Ziel angekommen,
reckelt sie sich auf und ab
im Bikini – viel zu knapp,
der sich dehnt und dehnt und dehnt
(und dann sei hier noch erwähnt)
plötzlich reißt, sie nackt dastand.
Was für eine Schmach und Schand.

Einer lacht, der and're starrt,
Kinder kreischen zeeter marrt.
»Hilf mir einer, beam mich weg!«
denkt die Siggi »im Versteck«
unter Wasser, das hellblau
sieht man eine Fleischballschau.
Wilde fuchtelnd, Wellengang.
Endlich schlendert Herrmann an –
Bademeister in Pension-
Ruft er laut: »Ich komme schon!«

Endlich naht das End' des Stücks'.
In Ergebung ihres Glücks'
Taucht die Siggi wieder auf
Nimmt auch Herrmanns Blick in Kauf
Grapscht nach oben, seiner Hand.
Herrmann das wohl missverstand,
zog sie raus aus kühlem Nass
ei, was für ein böser Spass,
hoffte sie doch einfach nur
auf Ersatz ihrer Montur.
Wütend stampfend durch die Menge
Hoch wie breit in aller Länge
Sah man sie von Dannen ziehn –
Siggi, die hat einen Spleen.
Wie ich nämlich dann erfuhr
Ist dies eine Show, Tortur:
Jeden Tag dasselbe Stück,
Herrmann wirkt auch immer mit.
Ach wie lustig für einmal,
doch für immer? EINE QUAL!

Befreiung eines Herzens (2001)

Ich sollte nur versuchen,
Dir einfach zu entsagen.
Ich tät' Dich gern verfluchen,
doch würd' ich mich nie wagen.

Ich werd' Dich ignorieren,
das Leben wieder lieben.
Einfach mal ausprobieren,
sonst ist mir nichts geblieben.

An Lügen sich zu laben
ist manchmal ach so schön.
Die rosa Brille tragen –
ich könnt' mich dran gewöhn'.

Wo hört die Liebe auf?
Wo fängt der Wahnsinn an?
Jenseits der Schmerzen Grenze
war ich in Deinem Bann.

Schluss, aus, vorbei –
ich kann nicht mehr.
Das Schöne ist zu
lange her.

Zieh raus den Dolch
aus meinem Rücken.
Verschone mich
mit deinen Tücken.
Näh' zu Dir Deinen Lügenmund.
Ich werde von allein gesund.

Er bricht mir das Herz (2001)

Er bricht mir das Herz
Der wiederkehrende
Körperliche
Der Rein-Raus-Schmerz
So ist er buchstäblich
Der innere ... wie sagt man noch?
TOD.

Unsterblich (2001)

Unsterblich schön
So bist Du
Dein Angesicht
Edle Gestalt
Wenn Du zu
Andren sprichst
Gebiete Einhalt
Mir tief ins Herze sticht.

Gedanken erhaschen
Einmal offenbart
Möcht' ich sie
Einmal Dir so nah
Wie niemand nie
Deine Lippen küssen
Wangen leicht berühr'n
Werd's auf ewig missen.

So es denn geschah.

Vergessen (2001)

Deine Stimme nochmals hör'n
Deinen Blicken widersteh'n
Im selben Raum
Noch einmal sitzen
Die gleiche Luft
Derselbe Duft.
Vergessen wird niemals gescheh'n.
Es wird niemals gescheh'n!
Gescheh'n.

Als ich Dich im Schlafe sah (2001)

Emporgehoben aus Vergangenem
Erblüht aus neuem Keim
Vernunft ward abgestriffen
Verlassen altes Heim.
Wie schön ließ sich
Das Leben reimen
Wie hell
Die Frühlingssonne schien
Wie voll der Mond doch war
Als ich Dich im Schlafe sah.

Gefühl ist alles (2001)

Ich genieße und genieße
Bis zum purpurnen Ende.
Wie Sternenstaub auf weichem Haar,
Ein Tuch aus Licht,
So stell Dir mein Empfinden vor.
Vernunft ist nichts, Gefühl ist alles.

Oh Sophie (2001)

Oh Sophie,
je suis ici,
ma cherie.

Leichtsinn (2001)

Milder Hauch gekräuselter Lippen
der Leichtsinn verspricht
und unverhüllte Finger tippen
auf eine Schulter
die blinde zerbricht.

geistiger sperrmüll (2000)

geistiger sperrmüll sich sammelt
in ihren häuptern, den engen,
so dass er sich muss aufzwängen
kreaturen wie mir,
die nicht sehen, welchen fängen
herber spezies schier
sie sich mitfühlend nahten.

Wollust und Gewalt (2000)

Wollust und Gewalt
im See und auf dem Feld,
in Liebe und im Leben —
so schreibt die Poesie,
so sei es nicht gegeben.

Das sagt die M-Punkt so
und auch der G-Punkt schon,
doch halt ich mich nicht dran,
nicht heut', nicht irgendwann.

Liebe ohne Haken (2001)

Wenn Liebe sich vor Dir verneigt,
dann tritt sie mit den Füßen,
schieß eine Kugel in Dein Herz –
das wird sie alsbald mögen.

Ein wenig Macht, wer sagt da nein?
Kriech an auf Knien und schwalle.
Ein Schlag von ihr noch obendrein.
Jetzt bist Du endlich alle.
Wie schön kann doch das Leiden sein,
wie leer der Hass auf Nichts!
Komm, tritt auch einmal auf mich ein.
Ich fürcht' mich wirklich nicht!
Nur eines kann ich nicht ertragen,
Dir kann ich so etwas doch sagen:
Es ist die reine Liebe,
die pure, ohne Haken.

Mensch (2000)

Er will Ratschläge hören,
Wie zu leben mit einem Defekt,
Wie zu leben es sei perfekt
Was zu lesen in fremden Augen,
Ob auch er würde menschlich taugen.
Stimmen am Ohr aus tausend Chören.

Weck das Leben in mir,
Das mir einst ausgehaucht,
Entfleuchen dem Sein
der Anderen möcht' ich.
Sehet auch mich
zur kurzen Abwechslung.
Ich kann nicht mehr standhalten,
Aufrecht gehen
wie Menschen es vermögen.

Zeiget mir Wege
aus elender Verzweiflung
Wohliges Schmachten dahin,
kein Mensch mag dran zu hängen.
Mich tröstet kein nostalgischer Gedanke.
Herausreißen Gedärm des Widersachers.
Kühle Überlegenheit wird immer geachtet
bei heimatlosen Seelen.

Trance erfüllet Zeit und Raum,
Kummer das Pulsierende.
Ach, möcht' mich fallenlassen,
dem Winter entgegen.

Welch kühner Gedankenwirr in mir,
Welch mentale Lüste und auch körperliche
Denen ich entfleuch tagein, tagaus
Nur des Nachts kehre ich solche heraus.
Schlechtes Gut nennt man's heut',
Obwohl's alle tun, all die Leut'.

Es machet mich traurig
unter der Brust
Solch starker Verlust
der unschuldigen Gedanken.
Doch lieb ich die Leut
und bin höchst erfreut,
Dass keiner zu gut,
keiner bevorzugt,
Sondern jeder mit Elend behaftet.

Verlorn' (1999)

Verlorn', sich selbst
Zwischen Tür und Angel
Irgendwo.
Ganz plötzlich ging's
Einfach passiert.
Gar nichts gemerkt.
Erst jetzt – etwas fehlt.
Tut weh.

Mein Herz lacht nicht mehr (1999)

Wahrscheinlich zu sehr geklebt,
viel zu lang miteinander gelebt.
Zu oft geliebt, alles abgeliebt,
dass gar nichts mehr übrig blieb.

Mein Herz lacht nicht mehr, oh Qual,
der Puls kaum erhöht, geht normal.
An Ekstasen, ah und Herzrasen
denk' ich nur noch in Phasen.

Ich freue mich echt nicht mehr,
Deine Verlockung lässt mich kalt – leer.
Dir entgegen, auf allen Wegen,
so ist es bald – sag: Stopp! Halt!

Genie in a Glühweinbottle (1999)

I'm a Genie in a Glühweinbottle
And it feels like flyin' a big space shuttle
Through the whole wide galaxy
Glühwein is my only ecstacy.
The radio plays a Rolling Stone.
It's christmas now and I'm alone.
Experience I've never thought of.
Gimme me more of this red Alki stuff.

No way to get outta here,
No call from any of my Dear,
No money for the Pizza-Rallye
I'm sinking in a deep dark valley.

I step inside my mind.
Always dreaming isn't fine.
Trying the best –
For getting less.

Change, change something!

Du (1998)

Gefreut wie ein Kind,
Dass wir beisammen sind.
Zu euphorisch gewagt,
Jetzt wieder entsagt.
Die Zeit angehalten,
Sie hat uns gespalten.
Zu lange war es.
Zu lange der Test.

Betört hast Du mein Herz,
Du süße Engelslast.
Für kurze Ewigkeit
Hast mir die Lieb' gezeigt.
Möcht' mehr und mehr,
Doch nie vergessen.
Möcht' Dich mit Haut und Haar
Auffressen.
Dir näher sein als Dein Verstand.
Komm, gib mir Deine warme Hand.

Ich starr' auf Deine roten Lippen,
Auf Deine schwarzen Schuh' im Schnee
Hab's lange abgestritten,
Doch merke, es tut weh.

Blaue Sonne, roter Mond,
Warum blieb ich nicht verschont
Von solchen Reizen,
Solchem Glück;
Bröckelt nun – Stück für Stück.
Kann mich nicht erwehren
Gegen diese Nacht.
Geh mit spitzen Speren
Mit mir in die Schlacht.
Werde vielleicht morden,
Aber doch nur mich.
Komm mit Menschenhorden –
Du, ich will nur Dich.

Verblendeter (1998)

Du kleiner Scheißer!
Was glaubst Du eigentlich, wer du bist?
Melancholisch schleichst Du
durch Deine kleine Welt,
denkst, in Problemen zu versinken.
Schau Dir doch die große Welt
um Dich herum an!
Denkst Du, da gibt's nur Harmonie,
Lachende Kinder und Schönheit?
Mach keinen Quatsch, Verblendeter.
Davor kannst Du nicht wegrennen.
Mensch, Du willst die Welt verändern.
Du willst ein Held sein?
ICH BIN DU.

Baila (1998)

Des Morgens Dämmerung
Mir in den Ohren klang
Mit Müdigkeit ich rung
Zu hören leis' Gesang
Von reiner Seele Lippen
Und Augen schön, so schön
Geriet ich leicht ins Wippen
Könnt' mich schnell dran gewöhn'.

Hab' ewiglang gewartet,
Der Gestalt ganz nah zu sein
Ihr Spiel war abgekartet
Ein Lächeln und ein »Nein«.
Sie verfolgte mich mit Blicken
Den ganzen Tag hinweg.
Ich wollte Briefe ihr schicken
Aus reinem Verlangenszweck.

Nun tanzt sie ganz allein für mich.
Ihr Blick geht durch und durch.
Singt lau: »Es geht nicht ohne Dich.«
Ich habe etwas Furcht.
Möcht' lieber schnell nach Hause gehn'
Dreh' mich noch einmal um.
Seh' ihren Schatten und widersteh'.
Ich weiß jetzt, das war dumm.

Titellos (1998)

Dreck wird aufgewühlt von Gedanken
Die das Meer ans Ufer spült.
Ich muss mich übergeben, um zu überleben.
Wieso kämpfe ich ums Überleben?
Ich wollte doch nur schweben,
Ins Land der Träume, der Toten,
Der immergrünen Bäume.
Musik, eingebettet von Ozon;
Was nützt das schon?
Ich liege im Bett,
steif wie ein Brett.
Lebe als Hülle, um
Mich herum Stille.
Liebe ist Verzweiflung,
Auf toter Erde kein Dung.
Liebe ist Leidenschaft,
Die Gier, die immer mehr rafft.
Liebe ist Leben,
nach dem die Toten streben.
Liebe ist manchmal böse.

Zukunft (1998)

Zukunft nennt sich also Grauen.
Ins Dunkle werde ich nun schauen.
Will nicht mehr essen, trinken, tanzen.
Mich töten nur mit tausend Lanzen.

Tanz mit den Toten (1998)

Holdes Lächeln von Toten erhascht.
Ihr seid Freunde, wahre Freunde
Auf ewig Freunde, immer lächelnd,
Aber kalt. Herzlich kalt.
Großzügig, danke.
Gibst Du mir noch ein Ohr?
Tanzt, tanzt für mich,
Tanzt mit mir, ja, ja, auf dem Berg,
Auf dem Hügel, Freunde, hin und her,
Schwenken, ja, das ist Spaß,
Das ist rein.
Tanz der Toten,
Fliegt, kommt, fliegt zu mir!

Das erste Mal – kein Reim (1998)

Ich bin zum ersten Mal Kind.
Mit all der Freiheit, mit mir.
Einfach spielen.

Ich bin zum ersten Mal verliebt.
Mit all der Hingabe, mit Dir.
Einfach fühlen.

Ich bin zum ersten Mal erwachsen.
Mit all den Sorgen, der Last.
Einfach grübeln.

Ich bin zum ersten Mal verletzt.
Mit all den Tränen, mit Schmerz.
Einfach allein.

M-Ego (1998)

Wüstenmeere, kranke Heere
Umfluten diesen porösen Geist.
Aberschwere schwarze Misere
Als Schild den Weg ihm weist.
Lass zurück den Scheiterhaufen,
Der schon einst ein jener war.
Lass es mit dem Haare-Raufen.
Letztlich ist der Geist kein Narr.

Zu (1998)

Zu jung, um zu begreifen
Zu alt, um zu spielen
Zu fett fürs Ballett
Zu oft, um zu vergessen
Zu wenig, um festzuhalten
Zu einsam, um glücklich zu sein
Zu tot, um am Leben zu bleibn.

Egal (1998)

Gleichgültig, egal
Hatte keine Wahl
Hab's eben gegeben:
aufgegeben.
.
Bin jetzt auch brutal
Mit Gefühlen anderer,
Nehme mir alles,
Sie sind mir egal.

Orgasmus ist der Tod,
Wartend, bis Du nicht mehr denkst
Bis Du ihm Dich schenkst.

Hasse die Liebe,
Wahre nur Deine Triebe
Du bist tot, sobald Du liebst.
Deshalb fällst Du tief.

Tot, leer, aus (1998)

Tot, leer, aus,
Stich!
Glitschig wie ein Fisch
Muss ich wohl wirken.
Was ist?
Warum fasst Du mich nicht an?
Was ich kann?
Nichts!
Glitschig wie ein Fisch.
Mensch, lüg mir ins Gesicht
Aber liebe mich!
Weiter will ich nichts.
Aus.

Menschen, die fragen (1998)

Ich stehe hier allein
und fühle mich so klein.
Ich frage insgeheim:
Werd' ich je glücklich sein?
Ja, schon der Punkt allein
enthält ein klares Nein.
Für Menschen, die fragen,
bleibt das Glück nur ein Schein.

Winter in Athen (1998)

Winter in Athen
ich fühle, ich muss gehn
denn es tropft der Schweiß
von Axel und Stirn
BURN.

Ich liebte einen Traum (1998)

Das Schicksal, wenn es eines gibt,
weiß nicht, wie sehr ich Dich geliebt.
Hat schon entschieden –
es ist vorbei.
Ich liebte einen Traum
und brach daran entzwei.

Rauch (1997)

Siehst du
den Rauch?
Ich auch.

Ich möchte das Schöne erben (1997)

Die Brücke ist zu weit,
Die Bahn streikt,
Pillen helfen nicht –
Ich bin ein armer Wicht,
In Selbstmitleid zerfließend,
Regen in Kannen gießend
Plätschert auf mich herab.
Essen macht mich nicht mehr satt.
Wasser dürstet mich wie ein Fisch
In der Wüste: voller Gelüste:
Nicht nach Menschen, nach Schönem,
Nach edlem Leben möcht' ich streben.
Alles ist zum Weinen und zum Lachen.
Meine Seele geht den Bach hinunter
Menschen wollen mich munter.
Ich kann nicht mehr, alles wird so schwer.
Whiskey gibt Ideen, tanzen wie die Feen,
Im Märchenland. Oh, graue Wand,
Was starrst Du mich an?
Ich bin nicht von diesem Clan.
Ich möchte sterben.
Ich möchte das Schöne erben.

Ein Mann, eine Frau, eine Nacht (1996)

Ein Mann
Eine Frau
Eine Nacht:
ZWILLINGE.

Morgenrot (1997)

Du bist mein Morgenrot,
Mein Sonnenuntergang,
Mein Lieblings-Früchtebrot,
In meinem Ohr der Klang.
Wo Du gehst, möcht' auch ich gehn'
Bis hin zum Horizont,
Wo Du stehst, möcht' auch ich stehn'
Im Lichte unterm Mond.
Was immer Du auch tust
Ich liebe Dich so sehr,
Hätt' ich Dich nie gekannt:
Mein Leben wär' so leer.

Verzweifle nicht (1997)

Verzweifle nicht
mein kleines Herz
denn er schmeckt süß
der Liebesschmerz.

Die Erkenntnis (1996)

Ohne Warnung
überfällt
mich
die Erkenntnis, dass
ich unglücklich
bin.

Schwarzes Loch (1996)

Alles ist dunkel, schwarzes Loch.
Sitze hier und brauch 'ne Droge
Orgasmus beim Gin
Orgasmus beim Nikotin.
Chips zu essen, Bratwurst auch.
Langeweile, grauer Himmel.
Der Himmel ist hoch, ich bin tief.
Trage schwarze Kleider.
Tränen sind nur noch Wasser,
Gefühle sind nur noch Worte
Toiletten sind Freunde
Freunde sind Feinde.
Augen wie Kameras glotzend
auf Sensationen erpicht.
Menschen klagen, hassen, schimpfen.
Seelen verhungern in dieser Gesellschaft.
Ärzte bitten um kranke Menschen,
Anwälte um Verbrechen.
Normal nennt man das!
Bauern betreiben Sodomie,
Hausfrauen ersticken im Dreck.
Saubere Gesellschaft nennt man das.
Viel Spaß in der Zukunft!

Zwei Menschen (1995)

Du
Ich
zwei Menschen.
Wir kennen uns nicht,
treffen uns wöchentlich.
Zufällig.
Und widerstreben uns.
Augenfällig.

Mein Baum (1992)

Ich liebe Dich
mein schöner Baum.
Es klingt zwar fast wie in 'nem Traum,
doch wenn ich dich umarme,
bleibst du stehn.
Du würdest mir niemals
aus dem Wege gehn.

The End

Schlafen bis zum Ende der Tage,
der Nächte, der Liebe, des Lebens.
Apathisch laufen, lernen, leben.
Sich schizophren durch die Welt schleichen
– das ist der Tod, das ist das Ende.

Hier ist Platz für Dein Gedicht

Nichts: ein Geschenk für Erwachsene, die schon alles haben. Witzig und genial. Mit diesem Buch triffst Du genau ins Schwarze: Du erfüllst damit ausdrücklich den Wunsch der Leute, die sich nichts wünschen. Garantiert fliegen Dir damit die Herzen der Beschenkten zu und Du hast die Lacher auf Deiner Seite. Übrigens: Die leeren Seiten lassen sich natürlich befüllen, zum Beispiel als Tage-, Notiz- oder Malbuch. 60 Seiten, 5,99 €.

ISBN: 978-3-752-805 42-0